Schriften des Sozialwissenschaftlichen
Akademischen Vereins in Czernowitz.
Heft II.

Wie studiert man Sozialwissenschaft?

Von

Dr. Josef Schumpeter,
Professor an der Universität Graz.

Zweite Auflage.

München und Leipzig.
Verlag von Duncker & Humblot.
1915.

Alle Rechte vorbehalten.

Altenburg
Pierersche Hofbuchdruckerei
Stephan Geibel & Co.

Der folgenden Schrift liegt ein Vortrag zugrunde, den der Verfasser, unser Ehrenmitglied, im Jahre 1910 für unseren Verein hielt.

Czernowitz, im März 1914.

Für den Sozialwissenschaftlichen Akademischen Verein
Max Seidmann,
Obmann.

Immer häufiger und immer lauter ertönt aus den verschiedensten Kreisen die Frage nach dem Wege zur Sozialwissenschaft. Wie kommt das? Keinem Physiker fällt es ein zu fragen, wie er Physik studieren soll. Sein Weg ist klar, er führt durch einen wohl ausgearbeiteten Studiengang. Jahrhunderte lange Erfahrung hat diesen Weg vorgezeichnet und mit verhältnismäßig kleinen individuellen Abweichungen schlägt ihn ein jeder ein. Warum ist das anders auf dem Gebiete der Sozialwissenschaft? Einfach deshalb, weil die Sozialwissenschaft verhältnismäßig jung ist, weil sie sich noch lange nicht ihren Platz im gewöhnlichen Bildungsgange gesichert hat und dann auch, weil ein unmittelbar praktisches Interesse so viele Unberufene auf ihr Gebiet gelockt hat, die die vorhandenen Ansätze zu einer bleibenden Ordnung immer wieder verwischen. Die Sozialwissenschaft ist jung. Denn obgleich sich die Menschen über die sozialen Dinge schon im grauesten Altertum Gedanken gemacht haben, so ist es doch zu einer wissenschaftlichen Untersuchung ihres Gebietes in weiterem Maße erst in den letzten hundertundfünfzig Jahren gekommen. Auch heute noch ist der sozialwissenschaftliche Lehrbetrieb eingezwängt zwischen andere ihm fremde Dinge, die ihn ersticken. Er hat nichts von der Systematik und der Formvollendung des naturwissenschaftlichen Lehrbetriebes. Da ist jene Frage nur zu sehr berechtigt, aber wenn man sie stellt, dann muß man auch bereit sein, die Antwort, die man erhalten mag, zu befolgen, man muß die so populäre Idee aufgeben, daß man in die Behandlung sozialwissenschaftlicher Gegenstände eintreten kann, ohne irgendwelche Vorkenntnisse zu erwerben, ohne durch ernste Arbeit sich eine Grundlage zu verschaffen. Die meisten Leute tun das nicht, und die Folge davon ist, daß einem großen Teile der sozialwissenschaftlichen Literatur überhaupt kein wissenschaftlicher Charakter zukommt, und daß allenthalben Dilettantismus und als dessen Folge Mißtrauen und Enttäuschung herrscht. Es ist begreiflich, daß eine junge Wissenschaft kein so feststehendes Begriffssystem, keine so fein durchgebildete Arbeitsteilung und keine so allgemein anerkannte Methode haben kann, wie eine andere, die sich das in jahrtausendelanger Arbeit errungen hat. Aber das praktische Interesse, das der Sozialwissenschaft zukommt, die Dornenkrone der Popularität, welche sie unzweifelhaft trägt, macht das noch schlimmer. Von uns selbst, von unseren Schicksalen ist hier die Rede, von Hoffnungen und Befürchtungen, die jeden berühren und jeden interessieren, und daher kann man nirgends so billige Lorbeeren erwerben wie hier. Das ist wohl unvermeidlich und wird sich mit der Zeit bessern. Vielleicht kann man die Vorboten der Besserung schon wahrnehmen, vielleicht kann man eben darin, daß man unsere Frage aus immer weiteren Kreisen hört, einen solchen Vorboten erblicken.

Darüber muß man sich vor allem klar sein, daß

man an die Probleme der Sozialwissenschaft nicht unbewehrt herantreten kann, und daß allen den Antworten, die gelegentlich von Politikern und von überhaupt jedermann auf sozialwissenschaftliche Fragen erteilt werden, keine höhere Bedeutung beizumessen ist, als den ärztlichen Ratschlägen eines alten Weibes. Man überzeugt sich leicht selbst, wie schwer es ist, Antworten zum Beispiel auf politische Fragen zu erteilen, die man wirklich festhalten kann, die nicht sofort zu Widersprüchen führen und beschämend offenbaren Einwendungen ausgesetzt sind, die nicht den Stempel engen Vorurteiles tragen, die endlich nicht unter den Händen verschwinden, wenn man sie anwenden will oder oft schon entschwinden, wenn die Stimmung oder die einzelne Beobachtung entschwunden ist, der sie ihre Entstehung verdanken. In der Tat, eine Frage wie zum Beispiel die des Schutzzolles aus dem Stegreif oder, was dasselbe ist, auf Grund unanalysierter Tatsachen beantworten zu wollen, ist so schwer, wie ohne Waffe einen gerüsteten Feind angreifen, wie ohne Werkzeug einen Steinbruch bearbeiten zu wollen.

Die Sozialwissenschaft ist die Lehre von dem sozialen Geschehen: Die Wissenschaft davon, was Staat und Gesellschaft zusammenhält, was das Verhalten und die Schicksale der Klassen und der einzelnen Individuen bestimmt, kurz die Wissenschaft vom sozialen Sein und Werden des Menschen. Unser höchster Ehrgeiz wäre erfüllt, wenn wir dieses soziale Geschehen in all seiner Mannigfaltigkeit direkt schildern könnten, wenn sich aus der Betrachtung der

Geschichte der Menschheit ohne weiteres auch eine Erklärung derselben ergeben würde. Aber ebenso wie die Naturwissenschaft uns nicht einfach ein Bild der uns umgebenden Natur geben kann und wie sie auch nicht direkt auf die Konstruktion eines solchen Bildes lossteuern kann, so kann man auch in der Sozialwissenschaft gar nicht daran denken, dieses Ziel unmittelbar erreichen oder auch nur anstreben zu wollen. Auf dem Gebiete der Naturwissenschaften stellten sich erst Erfolge ein, nachdem man gelernt hatte, die Mannigfaltigkeit der Erscheinungen zu zerlegen, nachdem sich also die Naturwissenschaft spezialisiert hatte. So steht es auch mit der Sozialwissenschaft.

Die erste Entdeckung, die man macht, wenn man sich ihr nähern will, ist die, daß auch ihr Gebiet in viele Teilgebiete zerfällt, die sich in Methode und Inhalt wesentlich voneinander unterscheiden. Es gibt im Grunde keine Sozialwissenschaft, es gibt nur einzelne Sozialwissenschaften. Und diese Sozialwissenschaften bilden keineswegs ein einheitliches Gebäude oder ein organisches Ganzes. Sie sind entstanden je nachdem sich ein Bedürfnis nach ihnen ergab, und sie sind einander keineswegs koordiniert. Die gesamte Wissenschaft ist ja überhaupt kein solches organisches Ganzes. Die einzelnen Disziplinen erwachsen oft aus zufälligen Fragestellungen, bilden sich durch den Einfluß der Schüler etwa eines bedeutenden Mannes und werden bald durch die Einheit der Methoden, bald durch die Einheit ihres Inhaltes zusammengehalten. So auch die einzelnen Sozialwissenschaften. Sie entstanden nicht durch die logische Einteilung eines ursprünglich einheitlichen Wissensgebietes, sie entstanden gleichsam zufällig, je nachdem sich bald an ein einzelnes Problem, bald an eine Methode Untersuchungen in größerer Zahl gleichsam ansetzten und schließlich so anwuchsen, daß sie einen besonderen Stab von Arbeitern erforderten. Die älteste und am besten ausgearbeitete Sozialwissenschaft ist die Nationalökonomie, die Lehre von der menschlichen Wirtschaft. Nach und nach aber wuchsen einzelne Teilgebiete derselben so sehr, daß sie relative Selbständigkeit erlangten. Dahin gehört zum Beispiel die Lehre vom Geld, die Lehre von der Handelspolitik usw. Aber außerdem mehrt sich die Zahl der sozialwissenschaftlichen Untersuchungen über solche Dinge, die sich nicht durch wirtschaftliche Momente erklären lassen und die so sehr ohne Zusammenhang mit der Wirtschaft sind, als die Tatsache der Einheit des sozialen Lebens eines Volkes es gestattet. Wir fassen dies Gebiet unter dem Namen der Soziologie zusammen und definieren dieselbe als die Lehre von den Wechselbeziehungen zwischen den Individuen und Gruppen von Individuen im sozialen Ganzen. Auch hier haben sich Spezialgebiete gebildet wie zum Beispiel die Lehre von den Religionen oder Hierologie, die Lehre vom Rechte, wohl zu unterscheiden von der Rechtswissenschaft, die Völkerpsychologie und andere. Sobald einmal eine solche Disziplin selbständig geworden ist, entwickelt sie neue Auffassungen, neue Problemstellungen, ein neues Begriffssystem, und es wächst eine Generation von Arbeitern heran, die sich für ein solches Gebiet spezialisieren und den anderen mehr oder weniger fremd gegenüber stehen. Gerade solche Leute leisten aber für die einzelnen Teilgebiete naturgemäß das Meiste. Die besten Leistungen, jene Leistungen, die wirklich verläßlich und ernst zu nehmen sind, sind deshalb im allgemeinen für den Anfänger schwer zugänglich, während leicht zugängliche allgemeine Übersichten nur in Ausnahmefällen in allen ihren Teilen gleich befriedigend sein können. Im allgemeinen merkt man in zusammenfassenden Werken über die ganze Sozialwissenschaft sofort, wo der Verfasser selbst gearbeitet hat und wo nicht, in welchen Teilen er Meister und in welchen Teilen er Lernender ist. Dieser Sachverhalt erschwert es sehr, einen allgemein gangbaren Weg zur Sozialwissenschaft zu weisen. Und sicher macht er es unmöglich, einen leicht gangbaren zu finden. Hinter unserer Frage liegt sehr häufig nur die Frage nach einem leichten Weg zum Verständnisse der Sozialwissenschaften. Wie studiere ich schnell Sozialwissenschaft? Wie eigne ich mir die wichtigsten Resultate schnell an? Wie komme ich schnell dazu mitreden zu können? Solche und ähnliche Fragen stecken sehr häufig hinter jener anderen. Nun, gewiß ist es möglich, sich eine allgemeine Übersicht des Gebietes ganz schmerzlos zu verschaffen. Gerade so, wie es bei den Naturwissenschaften möglich ist. Aber man darf nie vergessen, daß man in sozialen Dingen eben mitreden will — während man die Resultate der Naturwissenschaften gleichsam hinnimmt — und dazu genügt die

Lektüre irgendwelcher übersichtlicher Darstellung nicht.

Es handelt sich hier nicht darum, eine solche Einführung in die Resultate der Sozialwissenschaften zu geben, sondern nur um eine Einführung in die Art ihres Studiums. Im Prinzip ist es sehr leicht anzugeben, worin das Vorgehen der Sozialwissenschaften besteht, und was man tun muß, um zu sozialwissenschaftlichen Erkenntnissen zu kommen. Die Sozialwissenschaften tun eben ganz dasselbe, was auch die Naturwissenschaften tun. Sie sammeln nämlich Tatsachenmaterial und versuchen dann, darin Regelmäßigkeiten zu entdecken, also das Tatsachenmaterial zu ordnen und zu analysieren.

Dieses Tatsachenmaterial zerfällt in **vier** Gruppen: Die Summe der täglichen Erfahrungen und Beobachtungen, die mehr oder weniger einem jeden zur Verfügung stehen, ist die **erste**. Selten sammelt man sie bewußterweise, das Leben sammelt sie für uns. Zum Teil sind sie uns sogar vererbt, bestehen sie aus jenen ererbten Denkgewohnheiten, kraft deren ein jeder weiß, was es heißt „zu wirtschaften", „seine Bedürfnisse mit dem kleinsten Kraftaufwande zu befriedigen" usw. Aber soweit diese Kenntnisse uns nicht schon mitgegeben sind, soweit vermehren sie sich langsam im Leben. Hierin liegt ein wesentlicher Grund dafür, daß ein gewisses Maß von Lebenserfahrung zu dem erfolgreichen Betriebe der Sozialwissenschaften gehört. Und das erschwert das Studium, das bildet eine Schwierigkeit, die die Naturwissenschaften nicht kennen. Freilich sind die Grundtatsachen, zum Beispiel die Tatsache sozialer Zusammengehörigkeit, oft so elementar, daß man ihre Bedeutung ohne weiteres erfassen, sie selbst auch leicht verstehen kann. Aber nicht immer ist das so. Um ein Beispiel anzuführen: Seit Karl Marx mindestens kehrt auch in wissenschaftlichen Werken sehr häufig die Behauptung wieder, daß freie Konkurrenz eine „Unreellität" im Geschäftsleben erzeuge, namentlich die Produktion schlechter Ware zur Folge habe. Zahllose Tatsachen bestätigen das, zahllose widersprechen dem. Was daran ist, kann durch Argumente nicht entsprechend festgestellt werden — dazu braucht man Lebenserfahrung und richtigen Blick.

Die anderen Gruppen unseres Tatsachenmaterials liefern uns Geschichte, Ethnologie und Statistik. Diese bilden bekanntlich eigene Wissenschaften und verfügen über eigene Stäbe von Arbeitern. Teils liegt das daran, daß die Methoden dieser Tatsachensammlung hinreichend schwierig sind, um ihren Mann auszufüllen, teils daran, daß keine dieser Wissenschaften bei bloßer Tatsachensammlung stehen bleibt, sondern den Stoff auch darstellend gestaltet und außerdem schon selbst nach Regelmäßigkeiten und Kausalzusammenhängen sucht — somit Historiker, Ethnologen und Statistiker bereits das Gebiet der Sozialwissenschaften im eigentlichen Sinne betreten.

Da also diese Arbeit der Materialbeschaffung für uns schon von anderen geleistet wird, so könnte man glauben, daß uns die Methoden dieser Disziplinen nicht weiter interessieren. Dem ist nicht so. Vor allem zu selbständiger Arbeit, sodann aber auch zu gründlichem Studium, ist ein gewisses Verständnis dieser Methoden nötig, und zwar aus drei Gründen. Erstens und vor allem bieten uns der Historiker, der Ethnologe und Statistiker nicht alles, was wir brauchen und meist sogar bieten sie uns die Dinge nicht in der Form, in der wir sie brauchen. Deshalb mußte ein großer Teil der wirtschafts- und sozialgeschichtlichen Arbeit von Nationalökonomen geleistet werden, deshalb mußten Soziologen ethnologische Forschungsreisen unternehmen, und deshalb müssen sich Ökonomen und Soziologen statistische Daten oft selbst beschaffen. Fast stets ist eine Umformung des von diesen Wissenschaften Gebotenen nötig und ein Kombinieren und Vergleichen desselben mit anderem Materiale. Besonders gilt das von der Statistik. Die statistischen Bureaus der Regierungen und aller der Körperschaften, die Daten publizieren, wissen sehr oft nicht, worauf es uns ankommt, und wir müssen aus ihren Publikationen erst die für uns jeweils interessanten Dinge herausdestillieren. Sodann aber, zweitens, ist Kenntnis der Methoden, nach denen auf diesen Gebieten gearbeitet wird, zu vollem Verständnisse dessen notwendig, was uns Historiker, Ethnologen und Statistiker zu sagen haben. Wie man etwas von der Technik der Malerei verstehen muß, wenn man in ihre Werke wirklich eindringen will, so können auch wir nicht das Verständnis der Technik entbehren. Drittens aber müssen wir Historiker, Ethnologen und Statistiker kontrollieren können, denn oft haben wir Ursache, ihnen zu mißtrauen. Sie referieren nicht bloß, sie gestalten auch. Und indem sie gestalten, verändern sich die Tatsachen unter ihren Händen. Man kann nicht Geschichte schreiben, ohne von Grund und Folge zu sprechen, ohne Manches als wichtig hervorzuheben, anderes zurücktreten zu lassen. Darin liegt schon sozialwissenschaftliche Arbeit. Und insofern der Historiker oft ein Laie auf dem Gebiete der Nationalökonomie und Soziologie ist, kann er leicht fehlgreifen, leicht Symptome für Gründe, zufällige Koinzidenzen für Kausalzusammenhänge halten. Oft hebt er ganz Nebensächliches hervor und glaubt dann meist, damit eine besondere Entdeckung gemacht zu haben. Deshalb müssen wir sehen können, wie er zu seinen Urteilen kommt, deshalb müssen wir die Frage beantworten können: Wo hat der Mann das oder jenes her? Was hat er aus den Quellen und was hat er hinzugesetzt? Das können wir nur, wenn wir etwas von seiner Methode verstehen. Auch wie die Berichte des Ethnologen zustandekommen, sollen wir wissen. Wir müssen zum Beispiel darauf achten, wie groß die Zahl von Beobachtungen ist, auf denen eine bestimmte Behauptung beruht. Am meisten aber gilt das Gesagte von der Statistik. Die Resultate, die dieselbe gewinnt, hängen sehr oft lediglich von der Methode ab. Je nach der gewählten Methode kann man oft zu diametral entgegengesetzten Schlüssen kommen. Auch die Kenntnis der Quellen und der Art der Datensammlung ist wesentlich. Viele Daten der Statistik haben nicht mehr Wert als etwa beliebig hingeschriebene Zahlen, andere sind absolut exakt. Das muß man beurteilen können. Nie darf man ohne Prüfung vertrauen, um so weniger, als die in der Praxis angewandten Methoden der Statistik oft überaus mangelhaft sind. Das Studium statistischer Methoden ist dadurch sehr erschwert, daß es in deutscher Sprache kein gutes Lehrbuch darüber gibt. Wer Englisch kann, dem seien Bowleys „Elements of Statistics" als erste Einführung empfohlen.

Soll man nun Sozialwissenschaft studieren, indem man sich kopfüber in dieses Material stürzt? Nein. Die unanalysierte Tatsache ist stumm. Sie ist das Resultat vieler Ursachen, vieler einander entgegenarbeitender Kräfte. Sie kann in den verschiedensten Weisen erklärt werden. Sie ist unbeherrschbar, so wie sie ist. Wir müssen sie betrachten, in ihre Elemente zerlegen und uns ein Urteil darüber bilden, wie jedes dieser Elemente für sich genommen wirkt. Das heißt: Wir müssen analysieren und wir müssen jede unterscheidbare Seite der sozialen Dinge isolieren. Dann erst zeigt sich, was wesentlich und was Nebensache ist, dann erst beginnt wahre wissenschaftliche Arbeit, dann erst Hoffnung auf haltbare Erkenntnis. Nicht als ob zum Beispiel historische Lektüre wertlos wäre. Sie vermittelt uns ein intimes Verständnis des Geschehens, das über die Erkenntnisse weit hinausreichen kann, die wir strikte beweisen können. Auch kann sie uns auf manche Kausalzusammenhänge führen. Aber dieselben sind stets nur konkreter Natur: Wir können historisch begreifen, wie die große französische Revolution zum Beispiel aus den gesamten sozialen Verhältnissen des ancien régime herauswuchs. Aber wenn wir mehr wissen wollen, wenn wir namentlich in die einzelnen Elemente dieser sozialen Verhältnisse eindringen wollen, so stoßen wir bald auf unüberwindliche Schwierigkeiten. Waren die Aufklärungsideen des achtzehnten Jahrhunderts wirkende Ursachen oder nur Symptome der sich vollziehenden Revolution? Haben wir in derselben eine wesentlich wirtschaftliche Erscheinung oder eine wesentlich politische zu sehen? Hat die Finanzwirtschaft des Staates zur Revolution geführt oder nicht? Solche Fragen beantworten uns die Historiker oft genug, aber nie können sie ihre Antwort strikte beweisen, nie kann ihre Antwort einen anderen Charakter haben, als den der persönlichen Ansicht, als den eines persönlich empfangenen Gesamteindruckes. Auf jedes historische Argument kann man leicht entgegnen. Sagt uns etwa ein Historiker, er könne quellenmäßig nachweisen, daß politische Ideen in jedem Falle den Gang der Ereignisse bestimmten, so beweist das gar nichts. Denn das, was die Quellen widerspiegeln, sind die geäußerten, also im besten Falle die bewußten Motive der Handelnden. Ganz andere Dinge mögen ihnen in letzter Linie zugrunde liegen. Auch der Vergleich zum Beispiel vieler Revolutionen kann uns keine exakten Resultate geben. Denn in jeder einzelnen mischen sich alle die Elemente, die die Erscheinung einer „Revolution" ausmachen, in so verschiedenem Maße, daß wir so gut wie nie sehen können, was an Wirkungen auf jedes derselben zurückzuführen ist. Die **konkrete Konstellation der Verhältnisse wiederholt** sich nie und daher sind die konkreten Resultate immer andere. Der Historiker kann höchstens — und das macht seine Größe aus — einen solchen Blick für die Notwendigkeit der Dinge haben, daß er sie im individuellen Falle richtig beschreibt, daß er fühlt, was er nicht beweisen kann, aber wissenschaftliche Verläßlichkeit haben seine Urteile nicht. Sie gleichen mehr den Gestaltungen des Künstlers, als den Resultaten des Forschers.

Da kann sich leicht die Auffassung einstellen, daß es feststehende Wahrheiten auf dem Gebiete der Sozialwissenschaften nicht gibt. Der Historiker und der Laie neigen auch wirklich dieser Ansicht zu. Die Dinge wechseln, in dem einen Lande folgt der Einführung von Schutzzöllen eine Zeit wirtschaftlicher Blüte, in dem anderen nicht. In dem einen Lande führt Freihandel zum Zusammenbruche, in dem anderen zum Aufschwunge. In dem einen Lande bewährt sich politische Freiheit, führt sie zu den höchsten Gütern der Kultur, in dem anderen bewährt sie sich nicht, führt sie zu sozialer Desorganisation (vgl. zum Beispiel England und Griechenland). Wo gibt es da Bleibendes, allgemein Wahres? Die Antwort gibt das eben Gesagte. Gewiß zeigen die Tatsachen, so wie sie die Wirklichkeit bietet, nur einen steten Wechsel. Aber auch die Natur um uns herum zeigt eine unendliche Fülle von Mannigfaltigkeit. Wir kämen zu keinem Resultate, wollten wir alle individuellen Steine beschreiben, die man jemals im Falle beobachtet hat. Wir müssen die Erscheinungen in ihre Elemente auflösen und jedes dieser Elemente für sich betrachten. Dann zeigt sich die sonst unsichtbare Gesetzmäßigkeit. So auch in den Sozialwissenschaften.

Das nennt man „Theorie" treiben. Erst damit beginnt, wie gesagt, die eigentliche sozialwissenschaftliche Arbeit. Tatsachensammlung ist nur Vorarbeit, allerdings überall dort eine nötige Vorarbeit, wo wir sie noch nicht vorfinden. Auch dort aber, wo sie uns von selbständigen Wissenszweigen dargeboten wird, gibt es noch einen Unterschied. Die Wirtschaftslehre und in geringerem Maße die Soziologie, beruht zum Teile auf einem so gesicherten Materiale, daß das Hauptgewicht bei Studium wie bei Forschung auf seiner gedanklichen Durcharbeitung liegt. Wo das der Fall ist, da sprechen wir von reiner Wirtschaftslehre oder reiner Soziologie. Da gibt es wissenschaftliche Gebäude, deren Grundsteine einige wenige, große, elementare Tatsachen sind. Um sie zu verstehen, muß man vor allem theoretisch denken lernen, muß man in den Sinn der wissenschaftlichen Abstraktionen eindringen.

Außerhalb dieser beiden Gebiete steht die Sache wesentlich anders, dort muß man sich an die Tatsachensammlungen direkt wenden. Man muß das vorhandene Material überblicken und nach Regelmäßigkeiten und Kausalzusammenhängen suchen. Dort gibt es keine einheitlichen Systeme von Lehrsätzen. Die Arbeit des Zerlegens der von der Wirklichkeit uns dargebotenen Erscheinungen in ihre Elemente ist dort meist noch zu tun. Die großen soziologischen Probleme des Rechtes, der Moral, der sozialen Organisationen gehören zum Beispiel hierher. Immerhin zeigen sich in solchen Untersuchungen schon die Ansätze zu größeren, allgemeinen Erkenntnissen, zu eigentlichen Theorien. Bei andern Problemen ist man nicht einmal soweit. Die meisten praktischen Fragen der Volkswirtschaft, wie die Frage nach der Verteilung der Vermögen innerhalb derselben oder nach den bewegenden Kräften in der Handelspolitik der Staaten oder etwa die Frage nach der tatsächlichen Bewegung des Preisniveaus der Waren im Laufe der wirtschaftlichen Entwicklung — die meisten solcher Fragen gehören hierher. Hier ist gegenwärtig die Tatsachensammlung noch das beste, was wir haben.

Bei allem sozialwissenschaftlichen Studium muß man dem Anfänger in erster Linie dringend ans Herz legen, das Handwerk der Wissenschaft zu lernen. Sonst kommt man nie zu klarem Einblick, sonst bleibt man stets in einem Dilettantismus stecken, der ja ganz unterhaltend sein mag, aber niemals weit führen, niemals elementare Mißverständnisse vermeiden kann. Das eben ist der Vorteil wissenschaftlicher Untersuchung sozialer Dinge, daß sie uns lehrt, mit schärferem Auge zu sehen, als das ohne sie möglich ist. Um zu politisieren ist Wissenschaft ebensowenig nötig — wie Macaulay sagt — als es nötig ist, daß alle die Statisten, die auf dem Theater das Gefolge eines Königs darstellen, echte Diamanten und Perlen tragen. Der Politiker braucht Erfolg, er will die Massen bewegen. Da können sich ihm nur kurze, absolute, schlagende Phrasen empfehlen. Und notgedrungen muß er der wissenschaftlichen Erkenntnis Verachtung zeigen — das erfordert sein Selbsterhaltungstrieb. Wir studieren ja gerade deshalb Sozialwissenschaft, weil wir die Hinfälligkeit jener Phrasen fühlen. Und dann müssen wir ihr Handwerk, ihre Technik kennen, denn sie unterscheidet das Resultat der Wissenschaft von den Schlagworten des Lebens.

Ich will Einiges darüber sagen, wie man sich diese Technik aneignen kann. Aber vorher muß Eines dem Anfänger eingeprägt werden. Das Studium der Sozialwissenschaften verlangt von uns ein schweres Opfer.. An ihrer Schwelle müssen wir ein Stück unseres Ich zurücklassen, nämlich unsere sozialen Ideale, unsere Ansichten darüber, was gut und wünschenswert ist. Keine andere Wissenschaft fordert dieses Opfer von uns. Unsere Wünsche verstummen von selbst vor den Gesetzen der Natur. Ob wir es wollen oder nicht — der Stein wird stets zur Erde fallen. In der Sozialwissenschaft scheint die Sache dem Laien so ganz anders zu liegen. Die sozialen Verhältnisse — die können wir doch leicht ändern — nach Belieben gestalten? Da ist es also gar nicht gleichgültig, ob wir sie billigen oder nicht. Gewiß nicht. Aber erstens ist es einer der wichtigsten Erfolge des Studiums, daß man dann die Notwendigkeiten der sozialen Dinge begreift, daß man sieht, daß auch auf sozialem Gebiete eine unerbittliche Logik herrscht, die man nicht ungestraft ignorieren kann. Und zweitens muß man erst das „daß" und „warum" der Dinge verstehen, ehe man in sie eingreift. Gerade dieses „daß" und „warum" soll uns die Wissenschaft bieten. Was darüber hinaus liegt, das ist von Mensch zu Mensch verschieden. Jeder hat seine eigene soziale Welt, seine eigenen sozialen Ideale, jeder entscheidet in seiner eigenen Brust, was er anbeten und was er in den Staub treten will. Da gibt es keine exakten Argumente, da hört die Wissenschaft als solche auf. Was wir fühlen, was wir schätzen, das fühlt und schätzt vielleicht kein anderer Mensch, niemals fühlen und schätzen es alle Menschen. Wie kann man da seine eigenen Wünsche zum Maßstabe der Beurteilung nehmen wollen? Die Wissenschaft kann die Grundlage für unsere politischen Urteile geben, indem sie uns verstehen läßt, was das Wesen jener Dinge ist, die wir beurteilen wollen. Die Obersätze des Urteils aber liegen in Regionen, die der Wissenschaft nicht zugänglich sind.

Gleich sei hier hinzugefügt, daß wir zwar kein soziales Ideal aufstellen können, daß aber die Ideale, die tatsächlich die Völker in ihrem sozialen Verhalten bestimmen, wohl Gegenstand der wissenschaftlichen Behandlung sein können. Nur dürfen wir sie nicht werten, wir dürfen unsere Ideale nicht zu Richtern machen. Das ist nun sehr schwer. Uns unbewußt wirken unsere soziale Stellung, unsere Erfahrungen, unsere Interessen in unsere wissenschaftliche Arbeit hinein. Ohne daß uns das bewußt wird, beurteilen wir die Dinge oft von unserem Standpunkte. So tut das der Laie und der Politiker. Wir müssen uns von dieser Tyrannei unseres Selbst emanzipieren. Wir müssen uns in die Motive anderer Leute, in ihre Stellungen, ihre Interessen, „einfühlen" können. Dabei müssen wir Eines beachten. Jeder sieht die Notwendigkeit eines solchen Einfühlens bis zu einem gewissen Grade ein. Wenige Leute, die die Lebensverhältnisse der Arbeiter untersuchen, werden eine solche Einfühlung in deren Gedankenkreis unterlassen. Aber wenige Leute sehen ein, daß die Einfühlung in die Verhältnisse und Gedankenkreise solcher sozialer Schichten ebenso nötig und ebenso schwer ist, die sozial und wirtschaftlich über dem Beobachter stehen. Das gilt auch für Fachleute, und zwar besonders auf dem Gebiete der Sozialpolitik. Der Gelehrte gehört meist dem sogenannten Mittelstande an. Den Arbeiter und seine Kreise studiert er liebevoll, er kommt da sehr häufig zu einem bewundernswert intimen Verständnisse. Aber auf die Höhen der industriellen Gesellschaft blickt er oft ohne Verständnis, mitunter mit engherziger Abneigung. Was sich diese Leute denken, das untersucht er viel weniger und namentlich mit viel weniger Objektivität. Ihr Einkommen erscheint ihm als ungerechtfertigt groß, ihre Lebensgewohnheit als unmoralischer Luxus. Die Zeit ist vorüber, wo man es für notwendig hielt, bei der Beschreibung der Sitten eines Negerstammes moralische Entrüstung über Menschenfressen an den Tag zu legen. Aber dieselbe Geistesrichtung wirkt noch heute in der Wissenschaft, wenn auch in verfeinerter, schwerer erkennbarer Form.

Emanzipieren wir uns davon. Halten wir stets Wissenschaft und Politik, Erkennen und Wünschen, auseinander. Nur wenn wir das tun, treten wir in wissenschaftlichem Geiste an unsere Probleme heran, nur dann erheben wir uns wirklich über Dilettantismus und Tagesphrasen. Große geistige Disziplin gehört dazu und man erringt sie nur schwer. Hat man nur praktische Ziele, so erringt man sie nie. Erringt man sie aber einmal, dann erscheinen uns die Gipfel der Wahrheit sofort in größerer Nähe.

Wie man Geschichte, Ethnologie und Statistik studiert, weiß jeder. Nur bezüglich der letzteren ist die Warnung nötig, Zahlen und Methoden nicht zuviel Wert beizulegen, ehe man nicht die moderne Statistik (Pearson, Edgeworth, H. Bruns, Lexis u. a.) kennt. Zum Studium der Theorie aber kommen wir jetzt.

Das erste, was man sich bei theoretischem Studium vor Augen halten muß, ist, daß die Theorie selbstverständlich kein genaues Bild der Wirklichkeit geben kann. In den Naturwissenschaften ist das ebenso, und das sieht jeder ein, ohne weiter daran Anstoß zu nehmen. Die Sozialwissenschaften dagegen haben noch immer damit zu kämpfen, daß der Laie in ihnen sofort Antwort auf praktische Fragen und die Wirklichkeit unmittelbar sucht. Es liegt natürlich im Wesen jeder Wissenschaft theoretischen Charakters, daß sie die einzelnen Elemente der Erscheinungen, mit denen sie sich beschäftigt, in alle ihre Konsequenzen verfolgt und durch geeignete Annahmen das Hineinwirken anderer Elemente ausschließt. In diesem Sinne kann man sagen, daß die theoretischen Sozialwissenschaften nur Tendenzen der Wirklichkeit darstellen und niemals die volle Wirklichkeit selbst. Sie betrachten zum Beispiel das wirtschaftliche Handeln, so wie wenn es keine andere

Art des Handelns gäbe. Damit behaupten sie natürlich nicht, daß es ein anderes Handeln tatsächlich nicht gibt. Ebenso kann ich sagen, daß jeder Teil meines Körpers eine Tendenz hat zu Boden zu fallen, aber darin liegt natürlich nicht die Behauptung, daß ich tatsächlich im Fallen begriffen bin. Woher kommt es, daß man an einer solchen Ausdrucksweise gar keinen Anstoß nimmt, während man die gleiche Methode den Sozialwissenschaften oft verwehrt? Das liegt lediglich daran, daß wir an jenen Vorgang der Naturwissenschaften gewöhnt sind, daß uns dort dasjenige als selbstverständlich erscheint, was sich auf dem Gebiete der Sozialwissenschaften erst nach und nach durchringen muß.

Auch auf eine andere Schwierigkeit soll der Student der Sozialwissenschaft sogleich aufmerksam gemacht werden. Das Gebäude jeder Wissenschaft verändert sich im Laufe der Zeit, aber schließlich erreicht jede Wissenschaft ein Stadium, in welchem die zu machenden Voraussetzungen und die Art der wichtigsten Gedankengänge für alle wissenschaftlichen Arbeiten feststehen. Das ist noch nicht so bei den Sozialwissenschaften, ihr Knochengerüst ist noch in Bildung begriffen und verändert sich schnell, deshalb ändern sich auch die Auffassungsweisen und die Voraussetzungen von Jahrzehnt zu Jahrzehnt und sind auch zu gleicher Zeit von Autor zu Autor verschieden. Darauf muß man achten, wenn man nicht fehlgehen will, man muß in jedem einzelnen Falle wissen, von welchen Voraussetzungen jeder einzelne Gedankengang ausgeht, sonst kann es leicht geschehen, daß man Widersprüche dort findet, wo es in Wirklichkeit keine gibt. Wir sehen, daß z. B. bei der Kontroverse über Schutzzölle manche Autoren zu dem Resultate kommen, daß der Freihandel für alle die Völker, zwischen denen er besteht, die günstigsten Resultate zeitigt, die sich unter den gegebenen Verhältnissen dieser Völker erreichen lassen. Unter einer Reihe von Voraussetzungen ist das nicht falsch. Aber man kann leicht unter anderen Voraussetzungen zu dem Resultate kommen, daß die eine oder die andere Nation mit Schutzzöllen besser fährt. Darin liegt nun kein Widerspruch, wenn man nur in beiden Fällen die betreffenden Voraussetzungen genau angeben kann, darin liegt vielmehr eine Erkenntnis, ein Resultat. Der Laie freilich, der an abstrakte Gedankengänge nicht gewöhnt ist, sieht nichts anderes, als daß sich unsere beiden gedachten Autoren widersprechen, daß der eine den Freihandel, der andere ein Schutzzollsystem für vorteilhaft hält. Es ist nun einer der wichtigsten Zwecke staatswissenschaftlichen Studiums, über diesen primitiven Zustand hinaus zu kommen und sich von allen den Schlagworten zu emanzipieren, die auf Grund solcher Oberflächlichkeit gegen die Wissenschaft geprägt wurden. Dabei wird man sehen, daß man allerdings nicht etwa Freihandel oder Schutzzoll für alle Zeiten und alle Orte schlechthin empfehlen, zugleich aber auch, daß man ihre Voraussetzungen und ihre Wirkungsweise ganz befriedigend darstellen kann.

Endlich sei der Anfänger auch noch darauf aufmerksam gemacht, daß eine jede bestimmte Theorie niemals für sich allein gilt, sondern stets ein Teil eines theoretischen Gebäudes ist und nur als solcher Teil verstanden werden kann. Man kann nicht einen bestimmten Satz aus einem theoretischen Gebäude herausgreifen und ihn für sich diskutieren. Man muß ihn in allen seinen Beziehungen zu den übrigen Gliedern der Kette, der er angehört, erfassen. Dazu gehört eben Verständnis der Theorie. Soll sie uns wirklich etwas bieten, dann müssen wir uns ihre Gedankengänge ebenso einüben, wie das ein jeder Physiker selbstverständlich findet. Wenn man bloß ein theoretisches Buch liest, so wird man es zunächst halb selbstverständlich und halb unverständlich finden. Erst nach längerer Arbeit beginnen uns die einzelnen Auffassungsweisen wirklich etwas zu sagen, tragen sie zu unserem Verständnis der Wirklichkeit bei und erst, wenn wir uns theoretisch geübt haben, lehrt uns die Betrachtung der Wirklichkeit etwas. Erst dann beginnen die Tatsachen zu uns zu sprechen. Da man diese Arbeit so gut wie niemals leistet und Politiker wie Schriftsteller jeder Art niemals in das Innere der Sozialwissenschaften einzudringen suchen, bevor sie über dieselben urteilen, so werden wir verstehen, daß sich auf diesem Gebiete eine viel krassere Unwissenheit findet, als auf irgend einem anderen Gebiet des menschlichen Wissens. Viele populäre Schlagworte über die Wissenschaft lassen sich überhaupt nur dadurch erklären, daß man einfach einen beliebigen Satz aus einem Gedankengange herausgreift, sich frägt, ob man ihn sanktioniert oder nicht, und ihn verneinendenfalls für den größten Unsinn erklärt, dem man je begegnet ist. Mit der gleichen Methode könnte man die ganze Naturwissenschaft in den Grund bohren.

Reine Soziologie kann man an sich, d. h. ohne das historische, ethnologische und anderweitige Material jedes einzelnen Problems, wohl kaum studieren. Dazu steht ihr Gebäude noch zu wenig fest. Insoweit man es aber tun will, läßt sich der modus procedendi, den wir für die Wirtschaftslehre gleich schildern wollen, mutatis mutandis auch auf die Soziologie anwenden. So sage ich denn nur kurz: Lehrbücher der Soziologie gibt es eine Menge, aber brauchbar sind nur wenige davon. Vielleicht geht man daher am besten von dem aus, was uns v. Philippovichs Grundriß der politischen Ökonomie an soziologischen Ausführungen bietet (über Eigentum, soziale Organisation usw.). Ein ganz guter Leitfaden ist das Buch von R. Eisler: Soziologie. Aber auch jedes beliebige der im Anhange angeführten Bücher kann als Einführung dienen. Nur auf eine Quelle soziologischer Gedanken will ich noch hinweisen, die nicht auch für die Wirtschaftslehre fließt: Auf die Analysen menschlichen Handelns, die uns bedeutende Geister oft in ihren Memoiren hinterlassen, die uns Historiker und Staatsmänner oft ganz unbewußt in Ausführungen über konkrete Fragen mitteilen. Wir dürfen, wie gesagt, solche Mitteilungen nicht einfach hinnehmen. Doch wir werden es nicht bereuen, wenn wir einige Zeit in Gesellschaft von Geistern zubringen, wie Montaigne oder Montesquieu, wenn wir den Gedankeninhalt von Tocquevilles „ancien regime" verarbeiten, wenn wir die historischen Essays von Macaulay lesen oder die literarischen von Morley. Nicht sehr viele Namen wären hier zu nennen. Doch liegt dergleichen außerhalb systematischen Studiums und ich begnüge mich mit dieser Andeutung.

Wirtschaftstheorie studiert man nicht, indem man die Geschichte ihrer einzelnen Sätze oder ihrer verschiedenen aufeinanderfolgenden „Systeme" studiert. Die „Dogmengeschichte" ist nur dann instruktiv, wenn eine Meisterhand uns vorführt, was andere Meister geschaffen haben. Nur dann hat die Darstellung Leben und Wert, wenn der Darsteller von demselben Geiste ist, wie die Schöpfer des Dargestellten. Und das trifft selten zu. Selbst dann aber muß bereits eine Grundlage gegeben sein, ehe man daran gehen kann, seinem Überblicke durch einen Rückblick eine Dimension hinzuzufügen. Wie erwirbt man jene erste Grundlage? John St. Mill erzählt in seiner Autobiographie, daß er politische Ökonomie in der Weise studiert habe, daß ihm — noch dazu, als er nicht mehr als zehn Jahre alt war — sein Vater täglich einen bestimmten theoretischen Gedankengang vorführte, um dann von ihm am nächsten Tage die schriftliche Wiedergabe desselben zu verlangen. Der alte Mill muß ein sehr ungemütlicher Patron gewesen sein. Denn sein Sohn erzählt, daß er diesen schriftlichen Bericht immer wieder schreiben mußte, bis ihm die betreffenden Gedanken nach Ansicht seines Vaters hinlänglich eingeprägt waren. Später machten Mill und seine Freunde die Sache so, daß sie an jedem Morgen sich bei Einem ihres Kreises versammelten und, bevor die tägliche Berufstätigkeit eines jeden begann, eine Stunde der theoretischen Diskussion widmeten, wobei sie den elementaren Grundriß des älteren Mill zur Basis nahmen. Nun, dieser Grundriß enthält nicht viel, er ist geradezu dürftig, nur ein paar Grundbegriffe findet man darin, und wer nicht weiß, was in diesen Grundbegriffen steckt, der wird es unverständlich finden, daß jene jungen Leute durch erhebliche Zeit daran herumdiskutierten. Mit welchen Fragen können sie sich da abgegeben haben? Das wollen wir uns jetzt klarmachen, denn in der Tat war dieser Weg der richtige. Wie immer man über das denken mag, was jener Kreis für die Wissenschaft leistete — sicherlich standen seine Mitglieder auf einem durchschnittlichen Niveau, auf dem elementare Fehlgriffe unmöglich waren und von dem aus sie klar und fest den großen Fragen der Zeit ins Auge sahen.

Nehmen also auch wir in Gedanken ein solches Lehrbuch vor, eines, das für uns leisten kann, was der alte James Mill jener Generation geboten hat. Da begegnen wir einer Schwierigkeit: Wir haben keines in deutscher Sprache. In allen anderen Kultursprachen in Menge, besonders solche amerikanischer Provenienz, aber keines in deutscher. Die neueren deutschen Lehrbücher bieten viel, viel mehr. Sie bieten eine Fülle von soziologischem und wirtschafts- und sozialpolitischem Materiale, sie sprechen von Arbeiterfrage, von Sozialismus, von Handelspolitik, vom Genossenschaftswesen, von Staat und Gesellschaft, von tausend anderen Dingen noch, sie geben eine viel reichere, vollere Übersicht über das Panorama sozialen Geschehens. Ist das nicht viel großartiger, viel interessanter, als langweilige Auseinandersetzungen über wirklichkeitsfremde Theoreme? Ja, gewiß. Aber unserem Zweck dienen solche Übersichten nicht. Ihre Farbenpracht lenkt unsern Blick jeden Augenblick anderswohin. Kaum ist eine Frage angeschnitten, so wird uns eine andere vorgeführt. Wir lernen niemals die Grundlagen beherrschen, nie gehen uns die wesentlichen theoretischen Auffassungen in Fleisch und Blut über. Wir hasten über sie hinweg, den faszinierenden Fragen der Wirtschaftspolitik zu und das Ende ist, daß wir schließlich gar nichts Bleibendes gewonnen haben und nicht ein und nicht aus wissen. Ich halte jede Wette, daß ich damit die Erfahrungen eines jeden Studenten richtig beschreibe. Wer kann mir widersprechen, wenn ich sage, daß von hundet Studenten neunundneunzig nichts, gar nichts haben von ihrem nationalökonomischen Studium an den Universitäten. Aber jene Fragen, jene Probleme sind es doch, auf was wir abzielen? Eben um an jene Probleme nicht als Laie, sondern gerüstet heranzutreten, muß man Theorie studieren. Die Art der Auffassung, die Schulung des Blickes, die Übung der Analyse — das ist es, was wir brauchen, dann werden uns jene Probleme von selbst klar und die speziellen Bedingungen jedes Problems kann man sich dann im einzelnen Falle leicht aneignen. Dazu wäre es besser, wenn wir auch Lehrbücher der Theorie allein hätten, um nicht stets die Versuchung vor Augen zu haben, von der theoretischen Gedankenarbeit ab- und auf interessantere Dinge überzugehen.

Wir haben keines, wie gesagt. Die „Grundsätze" Menger's sind nicht als Lehrbuch geschrieben. Dennoch könnte man mit ihnen beginnen, bieten sie doch dafür einen anderen Vorteil: Als originelle Leistung ersten Ranges atmen sie einen Geist, der in keinem unselbständigen Lehrbuch weht. Aber das Buch ist ja vergriffen. v. Mangoldts Volkswirtschaftslehre ist veraltet, ebenso einige andere Werke. Da haben wir denn die Wahl zwischen einem fremdsprachigen Lehrbuche (etwa einem amerikanischen wie A. S. Johnson, Davenport, Seager) oder dem theoretischen Abschnitte eines der im Anhange angeführten deutschen. Das studiert man nun gründlich, ohne eine Unklarheit oder einen Zweifel bei sich zu dulden. Dabei achte man sorgfältig auf die einzelnen Marksteine des Gedankenganges und rekonstruiere sich denselben in anderer Form. Man scheide zunächst alle Komplikationen und Detailfragen aus und präge sich die großen Linien immer und immer ein. Stets frage man sich: Unter welchen Voraussetzungen gilt ein jeder Satz? Unter welchen Voraussetzungen sein Gegenteil? In welchem Verhältnisse steht ein jeder Satz zu allen anderen? Was ändert sich, wenn man ihn fallen läßt, zum Beispiel annimmt, daß sein Gegenteil wahr sei? So kommt man dann zur Beantwortung der Frage: Welche Momente hebt die Analyse hervor, welche scheidet sie aus? Welchen Gewinn an Erkenntnis hätte man davon, wenn man die ausgeschiedenen Momente mitbehandelte? Immer muß man sich darüber klar sein, was an einer Theorie einfach Tatsachenbeobachtung ist und was einen Schluß aus einer solchen oder aus einer anderen Theorie darstellt. Immer muß man feststellen, an welche Tatsachen der Autor in jedem Augenblicke denkt. Dann muß man jedes Theorem mit seinen Korrelaten versehen und ein jedes in allen seinen Konsequenzen — gleichsam übertreibend — durchdenken. Und schließlich muß man die Theorie bei jedem Schritte, den man tut, mit der Wirklichkeit vergleichen, sie auf konkrete einfache Fälle anwenden und konkrete Fragen von ihr aus zu beantworten suchen: Man muß lernen, die große Einheit der wirtschaftlichen Erscheinungen unter der vielgestaltigen Oberfläche zu erkennen, man muß es dahin bringen, daß bei jeder Beobachtung sich der dazu gehörige theoretische Gedanke von selbst einstellt — man muß in der Theorie die ungeheuere Menge von Tatsachen, die sie so kurz zusammenfaßt, und in allen den Tatsachen die wissenschaftlichen Gesetze sehen lernen.

Nach kurzer Übung tut man das alles unbewußt und sicher. Und dann ist man in den Sinn der Theorie eingedrungen. Dann kennt man die ganze Anlage ihres Gebäudes und weiß, was sie bieten kann und wo sie versagt. Eine jede Wissenschaft hat ihre besondere Auffassung der Wirklichkeit, eine jede Wissenschaft nimmt eine besondere Umformung derselben zu ihren Zwecken vor. Und so scheint jede dem Laien gekünstelt und unwahr. Aber wenn man im Sinne der eben gegebenen Andeutungen verfährt, wird man bald sehen, daß was gekünstelt schien, tieferen, unter der Oberfläche liegenden Wahrheiten entspricht. Man wird sich bald der wissenschaftlichen Auffassungsweise mit Leichtigkeit bedienen und es bald unverständlich finden, daß sie manchen Leuten unverständlich scheint. Dieses Ziel ist in den Sozialwissenschaften viel schwerer zu erreichen als anderswo. Wir sahen ja, daß uns schon die Wahl eines Lehrbuchs Schwierigkeiten machte. Wir haben auch keine Sammlungen von Übungsaufgaben — wenigstens in deutscher Sprache, in Amerika gibt es eine ganze Reihe — oder andere Lehrbehelfe[1]. So muß man sich viel mehr bemühen, viel energischer arbeiten, wenn man nur dasselbe erreichen will, wie Jünger anderer Wissenschaften, denen ein glücklicheres Los zuteil geworden ist.

Diese Gedankengänge müssen aber auch geübt werden. Dazu eignen sich am besten gewisse altehrwürdige Diskussionen, welche schon die Klassiker beschäftigt haben. Der Streit über den Unterschied zwischen produktiver und unproduktiver Arbeit, der Streit über den Gutsbegriff oder über den Einkommensbegriff sind nicht gerade sehr interessante Dinge, aber sie können dazu dienen, in die Handhabung der theoretischen Gedanken einzuführen.

---

[1] Ein sehr brauchbarer Behelf sei hier übrigens genannt. Es ist das jüngst erschienene „Lesebuch der Volkswirtschaftslehre" von Dr. und Frau Neurath, das glücklich gewählte Stellen aus älteren ökonomischen Werken enthält.

Man kann an ihnen lernen, wie man sich Begriffe bilden soll, wie man fruchtbare von unfruchtbaren scheiden kann. Namentlich kann man sich dabei eine wichtige Tatsache klar machen, nämlich die Tatsache ‚daß für unsere Auffassung der Dinge nicht die Dinge allein entscheidend sind, sondern das, was wir mit ihnen anfangen wollen, auch. Ich meine: An diesen Diskussionen kann man sich klar machen, daß von verschiedenen Standpunkten aus die Dinge in verschiedenen Perspektiven erscheinen und daß für die Wahl eines Standpunktes sehr oft nicht irgendwelche absolute Wahrheiten, sondern einfach die methodologische Zweckmäßigkeit entscheidend ist. Dann wird man es sich abgewöhnen, in der Verschiedenheit solcher Begriffsbildungen ein großes Unglück zu sehen und zugleich die Unrichtigkeit der Ansicht erkennen, daß sie sich gegenseitig widerlegen. Dabei kann man auch lernen, niemals allgemeinen Phrasen zu vertrauen. So zum Beispiel ist es ganz irrelevant für die Frage: Ist die Arbeit eine „Ware"? — ob sich das mit der Würde des Menschen verträgt. Wenn sich die Arbeit für die Zwecke irgendeiner Untersuchung so verhält, wie andere Güter, wenn sich ihr Preis zum Beispiel in derselben Weise bildet, so ist das ausreichend und kein allgemeines Argument kann uns das Recht nehmen, für eine solche Untersuchung die Arbeit als ein wirtschaftliches Gut zu betrachten.

Solche Untersuchungen über jene Typen von Menschen und jene Kategorien von Dingen, die für die Wirtschaftslehre in Betracht kommen, sind sehr lehrreich. Man pflegt das „Begriffsanalysen" zu nennen. Aber es handelt sich dabei nicht um Worte, sondern um Erkenntnisse des Wesens der wirklichen Vorgänge. Was ist ein Unternehmer, ein Bankier usw.? Oder was ist Kapital? und ähnliche Fragen gehören hierher. Über alle diese Fragen gibt es Monographien, die man mit Nutzen vornehmen kann [1] und dabei sieht man, wie scheinbar verschiedene Erscheinungen zusammengefaßt werden können, wie sich die Gesichtspunkte bilden, nach denen die einzelnen Erscheinungen geordnet werden. Diese Arbeit an den Grundbegriffen der Theorie ist viel wichtiger, als man gewöhnlich glaubt. Ein gutes Stück Verständnis der Wirklichkeit hängt daran.

Viel mehr gehört schon dazu, mit Verständnis der Diskussion eines bestimmten theoretischen Lehrsatzes zu folgen. Diese Diskussion von einzelnen Lehrsätzen ist aber auch weitaus die interessanteste und lehrreichste Übung. Wenn man zum Beispiel den ersten Band des Werkes von Böhm-Bawerks über Kapital und Kapitalzins vornimmt, so findet man darin eine Reihe von kritischen Analysen verschiedener Zinstheorien, die alle Kabinettstücke theoretischer Arbeit sind. An diesem Buche kann man, wie nicht leicht an einem anderen, theoretisch denken lernen,

---

[1] Über das Wesen des Unternehmers: Mataja, Unternehmergewinn; Brentano, Der Unternehmer u. a. Über das Wesen des Kapitals gibt es eine ganze Literatur. In deutscher Sprache sind besonders wichtig: v. Böhm-Bawerk, Kapital und Kapitalzins; Menger, Wesen des Kapitals; Knies, Geld und Kredit.

wenn man dem Autor in allen seinen Ausführungen folgt, dabei gleichsam mit ihm mitdiskutiert, jedes seiner Argumente durchdenkt und dabei stets die Richtung seines Gedankenganges und die Mittel, die er bei seinen Schlüssen verwendet, beachtet. Das Verständnis dessen, worauf es bei solchen Diskussionen ankommt, stellt sich dabei ganz von selbst ein. In deutscher Sprache gibt es kein anderes Buch, das denselben Zweck so gut erfüllen würde, aber immerhin gibt es noch viele andere Arbeiten, die man brauchen kann.

In ähnlicher Weise kann man dazu übergehen, jene ökonomischen Gedankengänge zu untersuchen, die man etwa in parlamentarischen Berichten, in Motivenberichten zu Gesetzen, in juristischen Ausführungen und auch in Zeitungen findet. Natürlich fehlt es hier an einem verläßlichen Führer. Aber gerade die oft offenbaren Mißgriffe der Autoren, mit denen man es da zu tun bekommt, sind sehr instruktiv zu diskutieren, wenn man bereits eine gewisse Stufe erklommen hat. Man nimmt irgendeinen solchen Satz her und bringt ihn damit in Verbindung, was man vorher durch theoretische Studien gelernt hat. Wenn man zum Beispiel einen Satz liest, wie den, daß Getreidezölle mit den hohen Getreidepreisen nichts zu tun haben, so ist das ein sehr gutes Übungsobjekt. Ganz abgesehen von der Tatsachenfrage, hier also des Nichtsteigens der Preise, die eine solche Behauptung immer involviert, gibt sie uns Gelegenheit, uns unseres Vorrates an theoretischem Wissen bewußt zu werden.

Solche Themen bietet uns die tägliche **Erfahrung** in Fülle. Arbeitslosigkeit und Freihandel, Kartellbildung und Schutzzoll, Fortschritt der Produktionsmethoden und Arbeitslohn, Steuer und Kapitalbildung, Steuer und Wohnungspreise, Produktionsfortschritt und Grundrente, Goldschatz und Zinsfuß — das sind einige Beispiele. Ohne gründliche theoretische Kenntnisse kann man, wenn man gewissenhaft sein will, darauf nur antworten: Das ist s o , aber manchmal ist es a n d e r s . Und wie für die Wirtschaftslehre, so gilt das für die fortgeschrittenen Teile der Soziologie. Was nützt es mir festzustellen, daß soziale Klasse und Berufstätigkeit sehr oft zusammenfallen, wenn ich nicht weiß, ob die Angehörigen einer Klasse meist einen und denselben Beruf wählen oder ob der Beruf erst die Klasse geschaffen hat? Das aber lehrt mich keine Geschichte, das lehrt mich nur theoretische Analyse.

Für den Anfänger empfiehlt es sich, zunächst solche Fragen zu behandeln, die bereits gründlich durchgearbeitet sind. Also zum Beispiel die Schutzzollfrage oder die Frage des Bimetallismus. Da lernt er am meisten und da findet er die meisten Stützen. Von selbständiger Forschungsarbeit spreche ich hier nicht, schon deshalb, weil man über einen gewissen Punkt hinaus niemand führen kann, weil es einen gewissen Punkt gibt, an dem man nur mehr e i n e n Rat erteilen kann, nämlich: Habe Talent, mache die Augen auf und überlasse den Rest deinem guten Stern. Sicher arbeitet theoretische Forschung sozusagen mit den höchsten Kosten. Der Historiker,

Ethnologe oder Statistiker kann sein Material stetig sammeln. Mag das herauskommen, was er vermutete, oder etwas anderes und selbst nichts — das Material wird immer einen gewissen Wert haben. Eine unfruchtbare theoretische Arbeit hat keinen. Und die Treffer auf diesem Gebiete sind selten.

Wenn man aus dem Gebiete der Theorie im engsten Sinne heraustritt, dann findet man sich einer ganzen Reihe von Tatsachengruppen gegenüber, aus denen spezielle Disziplinen erwachsen sind, die über eigene Arbeiter, eine eigene Literatur, zum Teile auch über eigene Methoden verfügen. Solche spezielle Gebiete haben sich zum Beispiel um die Geldtheorie herum, namentlich in ihrer Anwendung auf die Währungspolitik und das Bankwesen, gebildet oder um die Finanzwirtschaft des Staates oder die Handelspolitik, oder die Sozialpolitik usw. Auf vielen dieser Gebiete gibt es vor allem eine eigene Technik zu erlernen. Auf manchen ist das etwas Selbstverständliches wie zum Beispiel auf dem Gebiete des Versicherungswesens, aber es ist ganz allgemein der Fall, so zum Beispiel kann man ja keinen Kurszettel lesen ohne eine gewisse Kenntnis der Handelstechnik zu haben und es gehört sogar ziemlich viel dazu, bis ein solcher Kurszettel uns alles das sagt, was er sagen kann[1]. Um jede Industrie herum gibt es

---

[1] Zum Verständnisse finanzieller Fragen trägt die regelmäßige Lektüre, oder besser gesagt, Verarbeitung des Inhaltes, einer guten finanziellen Zeitung viel bei. In deutscher Sprache leistet die „Frankfurter Zeitung" in dieser Beziehung weitaus das beste.

übrigens spezielle Fragen. Man spricht bekanntlich von einer Zuckerfrage. Dieses Problem der Zuckerindustrie kann man natürlich nur dann erfolgreich untersuchen, wenn man ein ganz spezielles Tatsachenmaterial meistert und auch spezielle technologische und kommerzielle Kenntnisse erwirbt. Um Sozialwissenschaften im allgemeinen zu studieren, braucht man dies natürlich nicht zu tun, aber so lange man es nicht getan hat, muß man sich sehr hüten, über konkrete Verhältnisse vorschnell zu urteilen. Dieselben erscheinen dem Fernstehenden oft in einem ganz schiefen Licht. Ein großer Teil der Diskussion zum Beispiel über das Börsenwesen in Deutschland leidet darunter, daß es den Teilnehmern an derselben an der nötigen Sachkenntnis fehlt, und daß sie dieses Defizit sich durch Parteischlagworte ersetzen. Auf diese Weise ist das Institut der Börse geradezu verfehmt worden, und wir begegnen auch in der wissenschaftlichen Literatur einem ganzen Wust von Phrasen über seine Immoralität. Die Erkenntnis der volkswirtschaftlichen Funktion der Börse oder überhaupt dessen, was eigentlich auf einer Börse geschieht, geht ganz unter in der populären Vorstellung vom Börsenspiele.

Von solchen Schlagworten kann man sich sehr oft schon mit verhältnismäßig sehr geringer Mühe befreien. Man kann im allgemeinen sagen, daß sowohl das volkswirtschaftliche, als das soziologische Studium zu einer besseren Kenntnis der sachlichen Notwendigkeiten im sozialen Leben führt. Man lernt die Funktion der einzelnen Teile des sozialen Körpers besser verstehen und man lernt sehen, was Schale und was Kern ist. Dem Laien fallen zuerst gewisse Dinge auf, die nähere Betrachtung als nebensächlich erweist, so zum Beispiel fällt das Auge des Laien sofort auf jene Erscheinung, die wir als Luxus bezeichnen. Es gehört sehr viel dazu, um das Maß dieser Erscheinung richtig zu erfassen, um ihre relative Bedeutungslosigkeit zu sehen. Betrachtet der Laie das Funktionieren der Staatsmaschine, so konzentriert er seine Aufmerksamkeit sofort auf Störungen und Defekte derselben, die ihm ungeheuer groß erscheinen, während ihre wirklich großen Funktionen für ihn zu einem Nichts zusammensinken. Die populäre Sozialpolitik sündigt ganz besonders durch dieses Verkennen der Sachnotwendigkeiten, durch diesen Mangel jedes Augenmaßes für die Dinge. Das soziale und politische Plänemachen knüpft meist an gewisse jedermann besonders naheliegende Beobachtungen und Wünsche an, ohne daß der Betreffende zunächst ein Gefühl dafür hat, daß er nur einen kleinen Ausschnitt und nur die nächsten Konsequenzen der Dinge sieht. Das Studium solcher Fragen bringt dann die Dinge erst in ihre richtige Perspektive und hat somit auch eine große politische Funktion.

Wenden wir uns nun der Frage zu, in wie weit praktische Tätigkeit und Verkehr mit praktischen Geschäftsleuten und Politikern usw. von Wert für den Studenten der Sozialwissenschaften ist. Für manche Untersuchungen ist beides schlechtweg unentbehrlich, besonders dort, wo es sich um Erlernung einer Technik handelt und dann bei jenen Detailproblemen, bei denen es auf die konkreten Verhältnisse und die konkreten Menschen besonders ankommt, also zum Beispiel bei der Untersuchung der Gründe eines Streiks. Aber vor allem möchte ich den Anfänger davor warnen, sich in solchen Tatsachensammlungen zu verlieren. Wissenschaftliche Erkenntnis wird so nicht ohne weiteres erreicht. Die Tatsachen sind einander ähnlich, sehr bald tritt eine Grenze ein, wo immer weitere Tatsachen nichts neues mehr bringen. Wir sehen es ja selbst, daß jene Leute, die die beste Gelegenheit zu solchen Tatsachensammlungen hätten, wie Politiker, in der Regel ebenso wenig wissenschaftlich etwas leisten, wie es zum Beispiel auf einem anderen Gebiete die Ärzte tun, die doch die beste Gelegenheit zur Beobachtung haben. Ich möchte hier einen Freund zitieren, der diesem Tatbestande drastisch Ausdruck gab. Ich sagte ihm einmal, daß irgendein Arzt eine große Praxis habe und daher die richtige Autorität für die Auskunft in einer bestimmten Frage sei. Mein Freund aber antwortete: „Die Praxis allein macht gar nichts aus: Wenn ich zehntausendmal einen Krebs nicht erkannt habe, dann habe ich eben große Praxis im Nichterkennen der Krebskrankheit. Wenn man sich," fuhr er fort, „bei den Tatsachen, die man sieht, nichts denkt, so nützt es nichts, sie immer neu aufzuhäufen." Mir scheint die Bemerkung außerordentlich richtig zu sein. Die wissenschaftlichen Leistungen werden durch Gedankenarbeit und nicht durch Sammlung von Beobachtungen errungen. Das drückt sich hübsch in der folgenden Anekdote aus, die von Wallace, dem Freunde

Darwins stammt. Er besuchte einmal Darwin auf dem Lande und sah im Garten des Hauses dessen alten Gärtner. Er wollte ein Wort mit dem Manne wechseln, und so fragte er ihn denn, wie es seinem Herrn gehe. Der Gärtner antwortete betrübt: „Schlecht, und zwar kommt das daher, weil mein Herr nichts zu tun hat. Heute ist er zum Beispiel den ganzen Vormittag vor einer Pflanze gestanden und hat sie betrachtet."

Aber abgesehen davon, kann man daran zweifeln, ob praktische Tätigkeit wissenschaftlich zu etwas führt. Eine Tätigkeit in einer untergeordneten Stellung, wie sie jemand offen steht, der gleichsam ein Sommergast im praktischen Leben ist, hat so gut wie keinen Wert. Man sieht ja wenig Interessantes. Daraus erklärt sich auch die leicht festzustellende Unmöglichkeit etwa aus einem untergeordneten Bankbeamten irgendeine vernünftige Auffassung der Vorgänge auf dem Geldmarkte herauszufragen. Das führt auf den Verkehr mit Praktikern. Es ist ganz erstaunlich, wie sicher man in der Praxis handeln kann, ohne von dem Wesen dessen, was man tut, eine korrekte Vorstellung zu haben. Aber so ist es, fast nie kann ein Geschäftsmann sein eigenes Vorgehen entsprechend analysieren. Er handelt nach seiner Erfahrung, nach seinem Gefühl, und daran tut er ganz recht. Wenn wir ihn jedoch nun nach seinen Geschäften fragen, dann bekommen wir irgendeine Nebensache zur Antwort, die gerade vor seinem Geiste steht und der er in diesem Momente besondere Bedeutung beimißt. So ist das auch bei Politikern und so auch bei jenen Leuten, an die sich der Mann der Sozialwissenschaften oft wendet, um ihren Standpunkt zum Beispiel im Streite der wirtschaftlichen Interessen festzustellen. Oft ist dies ja ganz interessant, aber wenn man zum Beispiel einen Arbeiter nach seinen Ansichten fragt, so darf man die Antwort nie für bare Münze nehmen. Was er für Grund und Folge hält, braucht noch lange nicht Grund und Folge zu sein. Das Interessante der Antwort liegt fast lediglich in dem Einblicke, den sie in die Geistesverfassung des Betreffenden eröffnet, dann auch in konkreten Tatsachen, die sie mitteilen mag. Niemals aber hat das Urteil von Praktikern als solches unmittelbaren wissenschaftlichen Wert, stets ist es nur Untersuchungsobjekt für uns. Auch wenn wir keinen Grund haben, an der Wahrhaftigkeit der Leute zu zweifeln, so werden wir ihnen doch nicht einfach glauben. Der eine betrachtet die Volksbildung, der andere das Unternehmertum, der dritte die Aristokratie als die Ursache alles Übels, als die Ursache alles dessen, was ihm als Übel erscheint. Meistens ist es ja unmittelbar klar, daß eine solche Antwort nichts bedeutet, und wenn es nicht Tatsache wäre, daß selbst viele Fachleute solche Dinge ernst nehmen und den Resultaten der Wissenschaft entgegenhalten würden, so würde es mir nicht einfallen darauf hinzuweisen, wie diese Dinge aufgefaßt werden müssen. So wie die Sache steht, ist es nicht überflüssig, hervorzuheben, daß man nicht jede der Theorie scheinbar widersprechende Tatsache als eine Widerlegung derselben auffassen darf, daß man nicht jedem Politiker glauben darf, der erklärt, daß von morgen ab das soziale Geschehen wesentlich anders verlaufen werde, als bisher.

Ich habe gesagt, daß das Studium der Sozialwissenschaften dazu beitragen kann, die Dinge in richtiger Proportion zu sehen, das Wesentliche vom Unwesentlichen und die Gründe von den Folgen zu unterscheiden. Fragen, die sich auf einzelne konkrete Fälle beziehen, können wir gegenwärtig nur selten ganz exakt beantworten, so daß die Resultate für die Praxis von Wert wären. Das tut dem Erkenntniswerte der Wissenschaft keinen Eintrag. Ihr Studium leistet uns einen anderen Dienst, es führt uns in das Verständnis der uns umgebenden Dinge ein, es läßt uns die Wichtigkeit der einzelnen Momente mehr oder weniger scharf erkennen. Es kostet uns das sicherlich ein gutes Stück der Frische und des oft so jugendlich schönen Radikalismus, mit dem derjenige an die sozialen Probleme herantritt, der nichts von ihnen versteht. Auch hier wie sonst gehen Erkenntnis und Resignation Hand in Hand. Aber es lehrt uns, was wir von den Dingen zu halten haben und es lehrt uns die großen Notwendigkeiten derselben. Es bewahrt uns vor Übertreibungen und Hoffnungen, denen Enttäuschung sicher folgt und es gibt uns die Erkenntnis, daß m o r g e n nur das geschehen kann, was h e u t e im Keime vorhanden ist und darin liegt das Wesen politischer Bildung.

Anmerkung: Das folgende Literaturverzeichnis ist mit Rücksicht auf besondere Umstände so und nicht anders zusammengestellt worden: Erstens waren nach dem Wunsche des Vorstandes des Vereines fremdsprachige Werke auszuschließen. Zweitens sollten die verschiedenen Teilgebiete der Sozialwissenschaft nicht ganz gleichartig, sondern nach der vermutlichen Nachfrage berücksichtigt werden. Drittens konnte nicht der wissenschaftliche Wert eines Werkes für die Aufnahme in die Liste allein entscheidend sein, sondern es mußte vor allem auf die Eignung eines jeden als Einführung oder als Basis für Referate und Diskussionen Rücksicht genommen werden.

Anhang.

I. Nationalökonomie im engeren Sinne.

a) Lehrbücher:
   Philippovich;
   Conrad (dieses enthält auch die beste deutsche Einführung in das Material der Statistik);
   Schmoller: Grundriß;
   Wagner: Theoretische Sozialökonomik.

b) Theoretische Werke:
   A. Smith, Inquiry usw., übersetzt von Grünfeld, Jena, G. Fischer 1908;
   A. R. J. Turgot: Betrachtungen über die Bildung und Verteilung des Reichtums, übersetzt von Dorn, Jena 1903;
   D. Ricardo: Principles, übersetzt von E. Baumstark, 1877, neue Übesetzung von Thiele. Jena 1905. Dazu der Kommentar v. K. Diehl. 2 Bände;
   J. St. Mill: Principles, übersetzt von A. Soetbeer, 1851/52, 4. deutsche Auflage, 1885;
   H. Carey: Principles of Political Economy 1836 bis 1840. Dieses und überhaupt alle Werke Careys sind ins Deutsche übersetzt;
   A. Marshall: Principles, ins Deutsche übersetzt 1905;
   E. v. Böhm-Bawerk: Kapital und Kapitalzins, 2 Bände (I. Bd. 2. Aufl., II. Bd. 3. Aufl.);
   v. Wieser: Der natürliche Wert, 1889;
   R. Zuckerkandl: Theorie des Preises, 1888;
   Friedrich List: Gesamtwerke;
   Joh. H. v. Thünen: Der isolierte Staat, 1826—63;

K. Marx: Gesamtwerke;
K. Rodbertus: Gesamtwerke;
Über Methodenfragen u. -Geschichte: Menger, Untersuchungen über die Methode der Sozialwissenschaften, 1883;
K. Knies: Die politische Ökonomie vom geschichtlichen Standpunkte, 1883;
Luigi Cossa: Indroduzione allo studio dell' economia Politica, 2. Aufl., übersetzt ins Deutsche von Moormeister, Freiburg, 1889;
R. Schüller: Die klassische Nationalökonomie und ihre Gegner, Berlin, 1895;
Spezialwerke:
K. Knies: Geld und Kredit, 2. Auflage.
G. F. Knapp: Staatliche Theorie des Geldes, 1905;
G. Simmel: Philosophie des Geldes, 1900;
Bergmann: Geschichte der Krisentheorien, 1889;
Salz: Geschichte der Lohnfondstheorien, München, 1905, (Sammlung staatswissenschaftlicher Abh. herausgegeben von Brentano).
Kaulla: Geschichte der Werttheorien, Tübingen, Laupp, 1906;
J. K. Ingram: Geschichte der Nationalökonomie, deutsche Übersetzung, mehrfach, zuletzt 1905 (Tübingen);
K. Bücher: Entstehung der Volkswirtschaft, 6. Aufl. 1907;
de Laveleye: Ureigentum, übersetzt von Bücher, 1879, Leipzig;
Endemann: Studien in der romanisch-kanonistischen Wirtschafts- und Rechtslehre, Berlin, 1871;
Ferguson: Abhandlungen über die Geschichte der bürgerlichen Gesellschaft, Übersetzung. Jena (Fischer), 1904;
Strieder: Entstehung des modernen Kapitalismus, 1904;

Die Entwicklung der deutschen Volkswirtschaftslehre im 19. Jahrhundert, Festgabe zum 70. Geburtstage G. Schmollers;
A. Oncken: Geschichte der Nationalökonomie;
M. Bonuiatian: Studien zur Theorie und Geschichte der Wirtschaftskrisen (München 1909);
R. Ehrenberg: Große Vermögen. Ihre Entstehung und Bedeutung;

c) Sozialistische Literatur:
1. G. Adler: Geschichte des Sozialismus und Kommunismus von Plato bis zur Gegenwart. Verlag von Hirschfeld, Leipzig.
2. Im Verlage von Hirschfeld, Leipzig, erscheinen unter dem Titel: „Hauptwerke des Sozialismus und der Sozialpolitik" deutsche Übersetzungen, namentlich älterer Sozialisten. Bisher die Werke von: Godwin, Hall, Ogilvie, Gray, Enfantin, Considérant u. a.
3. Lassalles Werke.
4. K. Diehl: P. J. Proudhon, Jena, 1888—90.
5. Warschauer: Geschichte des Sozialismus und Kommunismus im 19. Jahrh., Berlin, 1892—96.
6. Bernstein, Hugo, Kautsky u. a.: Geschichte des Sozialismus in Einzeldarstellungen, Stuttgart, 1895.
7. Bernstein: „Wie ist wissenschaftlicher Sozialismus möglich?" 1901.
8. A. Menger: Recht auf den vollen Arbeitsertrag.
„   „   : Neue Staatslehre.
9. R. Meyer: Emanzipationskampf des vierten Standes, 1874—75.
10. Kautsky: Karl Marx' Ökonomische Lehre.
11. Ein wichtiges kritisches Werk ist M. Bourguin: Les systemes socialistes, übersetzt von Katzenstein, 1906. Verlag Siebeck, Tübingen.
12. „Marxstudien", herausg. v. Hilferding, sind eine Serie von Arbeiten sozialistischer Theoretiker.

II. Finanzwissenschaft.

a) L. v. Stein: Finanzwissenschaft ⎫
   A. Wagner: „   ⎬ Große grundlegende Werke
   W. Roscher: „   ⎭
   v. Heckel: „
   Eheberg: „   10. Aufl.

b) Finanzstatistik: Zahn: Die Finanzen der Großmächte, 1907.

c) Einige Spezialwerke:
1. Druckschriften zur Reichsfinanzvorlage (offizielle deutsche Publikation 1908, reiches Material).
2. A. Schäffle: Grundsätze der Steuerpolitik, Tübingen, 1880.
3. von Riesser: Finanzielle Kriegführung, Jena, Fischer, 1908.
4. Schwarz: Staatsschuldentilgung, Berlin, Heymann, 1897.
5. Hoshino: Inauguraldissertation über die japan. Finanzen, Halle, 1908.
6. Sartorius v. Waltershausen: Kapitalanlage im Auslande, 1905.
7. v. Kaufmann: Kommunalfinanzen, 1902 (Hirschfeld, Leipzig).
8. v. Heckel: Das Budget (Hirschfeld, Leipzig).
9. B. Fuisting: Die preußischen direkten Steuern[1], 5 Bände.

III. Soziologie.

1. Herbert Spencers Soziologie, übersetzt von Vetter, 1877.
2. Auguste Comtes Soziologie, übersetzt von Valentine Dorn, Jena, Fischer, 1907, 2 Bände.
3. G. Simmel, Soziologie 1909.

---

[1] Grundlegendes, finanzrechtliches Werk.

4. Barth: Philosophie der Geschichte als Soziologie, 1897 (Leipzig).
5. L. F. Ward: Reine Soziologie, übers. v. Unger (Wagner, Innsbruck, 1907).
6. Gumplowicz: Soziologie, 1905.
7. v. Zenker: Die Gesellschaft, 1899.
8. Eleutheropoulos: Soziologie, 1904.
9. R. Eisler: Soziologie 1904 (Webers Katechismen).
10. L. H. Morgan: Urgesellschaft, deutsch 1891.
11. A. H. Post: Die Grundlage des Rechtes, 1884.
12. Edward Westermarck: Entwicklung der moralischen Ideen, deutsch 1909.
13. A. Bastian: Der Menschheitsgedanke in Raum und Zeit, 1902.
14. Lippert: Kulturgeschichte der Menschheit, 1886 und 1887.
15. H. Driesmans: Rasse und Milieu, Vita-Verlag, 1909.
16. L. Jacoby: Idee der Entwicklung, 1886.
17. Felix: Geschichte des Eigentums, Leipzig, 1886 bis 1876.
18. Holtzendorf: Wesen und Wert der öffentlichen Meinung.
19. Huth: Soziale und individualistische Auffassung im 18. Jahrhundert, 1908.
20. v. Wieser: Recht und Macht, 1910.
21. Th. Buckle: History of Civilisation in England, deutsche Übersetzung.
22. Goldfriedrich: Historische Ideenlehre in Deutschland, 1902.

IV. Agrarwesen.

a) Betriebslehre: Entweder die landw. Betriebslehre von G. Krafft, zuerst 1892, oder die von Frhr. v. Goltz, 1900.
b) Allgemeine Werke:
W. Schiff: Agrarpolitik, 2 Bände.

A. Buchenberger: Agrarpolitik, 2 Bände, zuerst 1892 (aus Wagners „Handbuch").
c) Spezialwerke:
v. d. Goltz: Die ländliche Arbeiterklasse, 1893.
Kautsky: Agrarfrage, 1898.
Sering: Die innere Kolonisation in Deutschland, 1893.
v. Miaskowski: Erbrecht und Grundbesitzverteilung.
G. F. Knapp: Bauernbefreiung, 1887.
K. Grünberg: Die Bauernbefreiung, 1894.
Endlich das große Werk von A. Meitzen: Das Siedlungswesen, 3 Bände, 1899.

V. Handel und Gewerbe.

a) In Teubners Verlag (Leipzig) erscheinen sehr instruktive „Handbücher für Handel u. Gewerbe" über die Bilanzen der privaten Unternehmungen.
Anlage von Fabriken.
Betrieb von Fabriken.
Die Eisenindustrie.
Die chemische Industrie.
Die Zuckerindustrie.
b) In ähnlicher Weise bieten die von Prof. Sinzheimer (München) herausgegebenen Monographien, übersichtliche Darstellungen über die Lage, Organisation, Bedeutung der wichtigsten Industrien usw.
c) Kleinwächter: Kartelle.
Liefmann: Unternehmerverbände (Fischer, Jena).
H. Levy: Monopole, Kartelle und Trusts (Fischer, Jena).
Justi: Die deutsche Montanindustrie auf dem Wege zum Trust (Fischer, Jena).
Sonndorfer: Die Technik des Welthandels,
„Der Getreidehandel", herausgegeben von der österreichischen statistischen Zentralkommission.
Lopuszański: Die Volkswirtschaft Österreichs, 1908.

VI. Handelspolitik.

H. Fawcett: Freihandel und Schutzzoll, Übers. 1878.
G. Lehr: Schutzzoll und Freihandel, 1877.
R. Schüller: Freihandel und Schutzzoll, 1904.
Evert: Reichspolitik oder Freihandelsargument, 1902.
L. Brentano: Das Freihandelsargument.
H. Dietzel: Das Produzenteninteresse der Arbeiter und die Handelsfreiheit, 1903.
K. Diehl: Kornzoll und Sozialreform, 1901.
Bazant: Die Handelspolitik Österreich-Ungarns, 1894.
v. Matlekovits: Die Zollpolitik der österreichisch-ungarischen Monarchie, 1891.
A. Beer: Geschichte der österreichischen Handelspolitik im 19. Jahrhundert, 1891.
Peez: Zur neuesten Handelspolitik, 1895.
M. Schwab: Chamberlains Handelspolitik, 1905.
A. Wagner: Agrar- und Industriestaat.
E. Schalk: Der Wettkampf der Völker, 1905.
J. Wolf: Der deutsch-amerikanische Handelsvertrag, 1906.
R. Ehrenberg: Handelspolitik, 1900.
O. Köbner: Einführung in die Kolonialpolitik, 1908.
Oldenberg: Deutschland als Industriestaat.
Weber: Der deutsche Zollverein, 2. Aufl., 1872.
Lexis: Die französ. Ausfuhrprämien, 1870.
Bidermann: Über den Merkantilismus, 1890.

VII. Versicherungswesen.

a) Versicherungslexikon, herausgegeben von Manes, 1909 (Tübingen, Lauppscher Verlag).
b) Lehrbücher: von A. Manes (Teubner in Leipzig, 1908), von K. und H. Brämer (Verlag von Hirschfeld).

VIII. Bankwesen und Geldmarkt.

A. Wagner: Die Theorie der Peelsakte, 1860.
„   „   : Die Zettelbanken.

Riesser: Zur Entwicklungsgeschichte der Großbanken, 1912, G. Fischer.
Sattler: Effektenbanken.
Scharling: Bankpolitik, 1902.
J. Esslen: Konjunktur und Geldmarkt, 1902—08.
Eberstadt: Der deutsche Kapitalmarkt.
Buchwald: Technik des Bankgeschäftes.
N. E. Weill: Die internationalen Beziehungen der Geldmärkte, 1903.
Prion: Das Diskontgeschäft (Schmollers staats- und sozialwissenschaftliche Forschungen).
Claus: Das russische Bankwesen, 1906.
A. Lansburgh: Das deutsche Bankwesen, 1909.
J. Plenge: Der Credit mobilier, zwei Kapitel aus der Theorie der Anlagebanken.
M. Jörgens: Finanzielle Trustgesellschaften (Münchner staatswissenschaftliche Studien).
v. Lucam: Die Nationalbank während des dritten Privilegiums.
v. Mecenseffy: Die österr.-ung. Bank, 1895.
v. Philippovich: Die Bank von England im Dienste der Finanzverwaltung des Staates.
Hecht Der europäische Bodenkredit, 1900.

IX. Sozialpolitik.

Stillich: Die politischen Parteien in Deutschland, 1908 (I. Band).
F. Salomon: Die deutschen Parteiprogramme (Leipzig, Teubner).
Herkner: Die Arbeiterfrage (5. Aufl.).
A. Lange: Die Arbeiterfrage, 1885.
Herr: Der Zusammenbruch der Wirtschaftsfreiheit in den Vereinigten Staaten, 1906 (J. Fischer).
Kulemann: Die Berufsvereine der Arbeiter, 1908.
N. Wagner: Die deutsche Arbeiterversicherung, 1906.
A. Menzel: Arbeiterversicherung.

G. Schanz: Arbeitslosenversicherung, Bamberg, 1895.
v. Nostitz: Das Aufsteigen der arbeitenden Klassen, 1900.
Helene Simon: Robert Owen, 1905.
v. Schulze-Gaevernitz: Zum sozialen Frieden, 1890.

X. Lehrbücher der Statistik.

(Außer Conrad, vgl. Va.)

G. v. Mayr: Statistik.
A. Meitzen: Theorie und Technik der Statitstik.
John: Geschichte der Statistik.

XI. Lexika.

a) Das beste deutsche Lexikon der Sozialwissenschaft ist das bekannte Handwörterbuch der Staatswissenschaften, das gegenwärtig in neuer Auflage erscheint (Jena, Fischer).

b) „Wörterbuch der Volkswirtschaft" (Jena, Fischer), herausgegeben von Elster, 2 Bände.

c) Für österr. Verhältnisse auch wichtig: Staatswörterbuch von Mischler und Ulbrich.

Printed by Libri Plureos GmbH
in Hamburg, Germany